W9-BDC-407

READING POWER
En Español

Organizaciones de ayuda

Hábitat para la Humanidad

Anastasia Suen

The Rosen Publishing Group's
Editorial Buenas Letras™
New York

Published in 2003 by The Rosen Publishing Group, Inc.
29 East 21st Street, New York, NY 10010

First Edition in Spanish 2003
First Edition in English 2002

Book Design: Michelle Innes

Photo Credits: Cover, pp. 5–7, p. 8 (bottom), pp. 9–13, 15–20 © Habitat for Humanity; p. 8 (top) © Corbis

Suen, Anastasia.
    Hábitat para la Humanidad / por Anastasia Suen ; traducción al español: Spanish Educational Publishing
    p. cm. — (Organizaciones de ayuda)
    Includes bibliographical references and index.
    ISBN 0-8239-6857-X (lib. bdg.)
    1. Habitat for Humanity International, Inc.—Pictorial works–Juvenile literature. 2. Low-income housing—Pictorial works—Juvenile literature. [1. Low-income housing. 2. Habitat for Humanity International, Inc. 2. Spanish Language Materials.] I. Title.

    HD7287.96.U6 S84 2001
    363.5—dc21

                                    2001000733

Manufactured in the United States of America

Contenido

Linda y Millard Fuller

Linda y Millard Fuller querían
ayudar a gente por todo el mundo
a construir su propia casa. En 1976,
la familia Fuller creó Hábitat para
la Humanidad Internacional.
Esta organización trabaja para
que todos tengan donde vivir.

Voluntarios

Muchas personas ayudan
a Hábitat para la Humanidad.
Trabajan como voluntarios.

Unas personas ayudan a construir
o mejorar las casas. Otras personas
le dan dinero o suministros a Hábitat
para la Humanidad.

7

El expresidente Jimmy Carter
y su esposa Rosalynn se unieron
a Hábitat para la Humanidad en 1984.
También querían ayudar a la gente
a construir su casa.

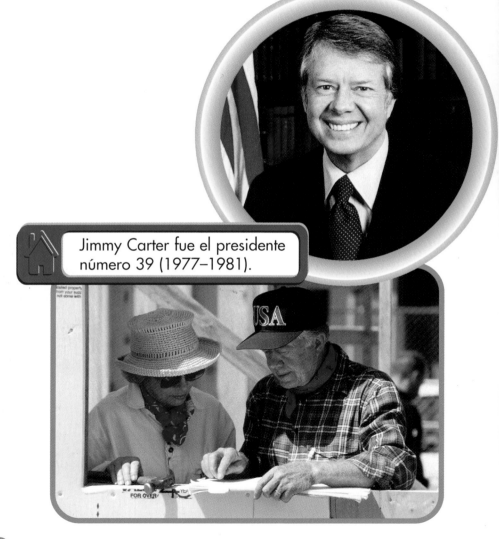

Jimmy Carter fue el presidente
número 39 (1977–1981).

Jimmy Carter ayudó a construir la casa número 100,000 en el 2000.

La familia Carter empezó el Proyecto Jimmy Carter. Voluntarios de todo el país construyen casas durante una semana cada año.

¡Es un hecho!

¡En una semana
el Proyecto
Jimmy Carter
construyó más
de 100 casas!

Muchos estudiantes construyen casas. Cada año, estudiantes de 5 a 25 años trabajan como voluntarios. Algunos viajan a otros países a ayudar.

Ayudar en todo el mundo

Hábitat para la Humanidad ha construido casas en todo el mundo. Más de la mitad de las casas que construye cada año están en otros países.

¡Es un hecho!

Hábitat para la Humanidad trabaja en más de 70 países del mundo.

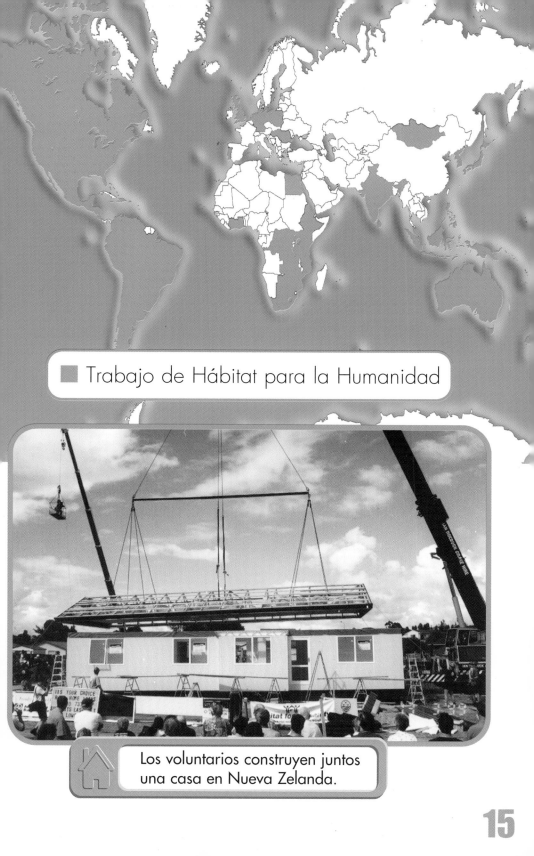

Trabajo de Hábitat para la Humanidad

Los voluntarios construyen juntos
una casa en Nueva Zelanda.

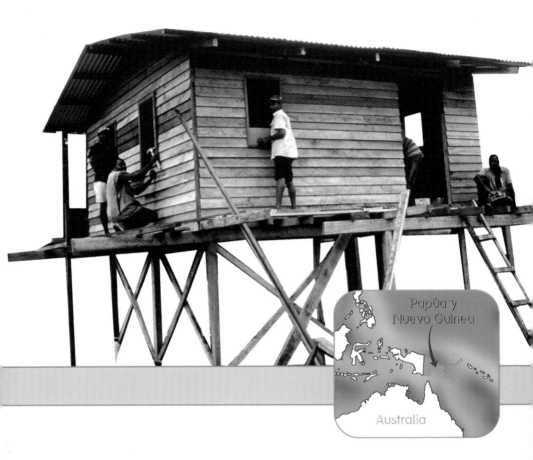

Hábitat para la Humanidad
construye diferentes tipos de casas.
En Papúa y Nueva Guinea las casas
se construyen sobre pilotes.

Esta casa de Sri Lanka es de concreto. Las casas de concreto son muy resistentes. ¡Las casas de Hábitat para la Humanidad han aguantado terremotos, inundaciones y huracanes!

Nuevos dueños de casa

Estas casas no son gratis.
Las personas que vivirán en ellas
tienen que ayudar a construirlas
y pagar los materiales que se utilizan.
En los Estados Unidos los materiales
para una casa de Hábitat para
la Humanidad cuestan $46,000.

Hábitat para la Humanidad
ha crecido mucho desde 1976.
Ha construido y arreglado más
de 100,000 casas en todo el mundo.
Más de 500,000 personas viven
en mejores casas gracias a Hábitat
para la Humanidad Internacional.

¡Es un hecho!

¡Un equipo de voluntarios en Nueva Zelanda construyó una casa en 3 horas, 44 minutos y 59 segundos!

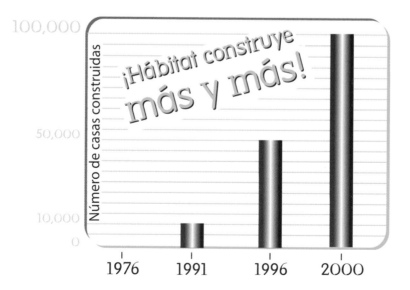

¡Hábitat construye más y más!

Número de casas construidas

100,000

50,000

10,000

0

1976   1991   1996   2000

Glosario

hábitat (el) lugar donde vivimos

humanidad (la) todos los seres humanos

internacional de dos o más países

materiales (los) cosas que se necesitan para
hacer algo

Papúa y Nueva Guinea país del sudoeste del
océano Pacífico

pilotes (los) palos largos que sirven para
sostener una casa arriba del suelo

Sri Lanka país situado en una isla
del océano Índico

voluntarios (los) personas que se ofrecen a
hacer una cosa por voluntad sin recibir
dinero a cambio

Recursos

Libros

The Big Help Book: 365 Ways You Can Make a Difference by Volunteering
Alan Goodman
Minstrel Books (1994)

The Kids' Volunteering Book
Arlene Erlbach
Lerner Publications (1998)

Sitios web

Debido a las constantes modificaciones en los sitios de Internet, PowerKids Press ha desarrollado una guía on-line de sitios relacionados al tema de este libro. Nuestro sitio web se actualiza constantemente. Por favor utiliza la siguiente dirección para consultar la lista:

http://www.buenasletraslinks.com/ayuda/habitatsp

Índice

Número de palabras: 304

Nota para bibliotecarios, maestros y padres de familia

Si leer es un reto, ¡Reading Power en español es la solución! Reading Power es ideal para lectores hispanoparlantes que buscan un nivel de lectura accesible en su propio idioma. Ilustrados con fotografías, estos libros presentan la información de manera atractiva y utilizan un vocabulario sencillo que tiene en cuenta las diferencias lingüísticas entre los lectores hispanos. Relacionando claramente texto con imágenes, los libros de Reading Power dan al lector todo el control. Ahora los lectores cuentan con el poder para obtener la información y la experiencia que necesitan en un ameno formato completamente ¡en español!

Note to Librarians, Teachers, and Parents

If reading is a challenge, Reading Power is a solution! Reading Power is perfect for readers who want high-interest subject matter at an accessible reading level. These fact-filled, photo-illustrated books are designed for readers who want straightforward vocabulary, engaging topics, and a manageable reading experience. With clear picture/text correspondence, leveled Reading Power books put the reader in charge. Now readers have the power to get the information they want and the skills they need in a user-friendly format.